ALEXANDRE REMY

# UN MOT

SUR

# LA LETTRE ET LA POLITIQUE

# DES DUCS

Prix : 50 Centimes.

PARIS.

CHEZ TOUS LES LIBRAIRES.

1852.

PARIS. — IMPRIMERIE DE H. CARION, PÈRE,

Rue Richer, 20.

# UN MOT

SUR

# LA LETTRE ET LA POLITIQUE

# DES DUCS.

---

La plus grande infortune des princes légitimes n'est point d'être exilés d'un trône, nous ne dirons pas qui leur appartient de droit divin, mais auquel ils appartiennent au contraire par le droit du peuple, c'est-à-dire par la tradition nationale fondée sur une élection ou une délégation héréditaire: une nation peut revenir de l'erreur d'une génération, et rétablir, sous l'influence de son intérêt permanent, ce que celle-ci a détruit ou renversé sous l'empire d'une passion accidentelle ou d'une illusion passagère. Sans doute l'exil est amer au cœur qui aime son pays, au cœur surtout dont l'amour pour une ingrate patrie, excluant tout intérêt bassement personnel, ne se compose, pour ainsi dire, que du sentiment d'un grand devoir dont il est le volontaire esclave, ou plutôt le royal ser-

viteur; mais, en fin de compte, les rois ne sont pas
moins faits pour la douleur que les autres hommes, et il suffit d'ailleurs qu'ils sachent élever leur
front à la hauteur de l'adversité qui les frappe,
pour se faire de cette adversité même une couronne non moins glorieuse que celle qu'ils tien-
nent de leur naissance. Il est vrai encore que,
parce qu'ils décorent cet exil d'une grande dignité
personnelle, ce même exil n'en est pas moins pour
eux la patrie absente : mais, aussi, les consolantes
perspectives de l'avenir sont là pour adoucir l'a-
mertume inguérissable du présent; et du peuple
d'hier ils peuvent toujours en appeler au peuple
de demain !

Quel est donc, selon nous, le plus grand mal-
heur des princes exilés ?

C'est d'être, par cet exil même, trop éloignés du
cœur du pays pour qu'ils puissent en entendre les
battements; c'est, par suite, d'être réduits à ap-
précier ces battements par des intermédiaires, et
de courir par conséquent le risque d'être trompés
sur la situation vraie des esprits et sur l'état réel des
populations. Or, ces hommes que la confiance des
princes place entre leur personne et la nation, pour
leur transmettre fidèlement les impressions de
celle-ci, ces hommes ne sont que trop souvent la
fatalité de ces mêmes princes : à la cour de l'émigration, c'était M. de Blacas; à la cour des Tuileries, ce furent MM. Decazes et de Polignac; nous
ne nommerons pas ceux de Frohsdorf. Est-ce à dire

que ces hommes n'obéissent pas un à chevaleresque
dévoûment? Qui pourrait songer à mettre en question leur fidélité et la sincérité de leur zèle ? Mais
l'incapacité peut s'allier au zèle le plus ardent, et
la fidélité peut avoir pour compagnes la mécon-
naissance la plus complète des vœux et des dispo-
sitions d'un pays, et la plus complète inintelli-
gence d'une situation politique.

Quoiqu'il en soit, ces hommes, quand ils accep-
tent le titre officiel de conseillers du prince, cou-
vrent l'auguste personne de celui-ci de leur responsabilité personnelle; c'est donc à eux, et à eux
seuls, que vont les observations que nous allons
présenter sur une Lettre récente dont ils ne sont
pas, nous le reconnaissons, les signataires, mais
dont ils sont, devant le pays, les auteurs respon-
sables, puisqu'elle a été dictée sous l'inspiration
d'une politique dont ils sont les représentants
connus.

Quel est donc l'objet de cette lettre, que le bon
sens public, comme pour dégager plus affirmati-
vement la responsabilité personnelle du royal
exilé, a surnommée la Lettre *des ducs?* — C'est
d'empêcher les légitimistes de conserver ou d'accepter aucune des fonctions publiques soumises
au serment, même celles qui sont le résultat de
l'élection.

Il résulte de cette interdiction deux choses : la première, qu'elle tend à constituer une émigration à l'intérieur ; la seconde, que la politique dont elle émane implique, contre l'ordre de choses actuel, sorti de huit millions de suffrages, une opposition qui va jusqu'à l'hostilité la plus déclarée, tandis que, sous le gouvernement de 1830, le refus de M. le comte de Chambord de faire intervenir son autorité entre la conscience de ses partisans et le serment, laissa les légitimistes entièrement libres d'occuper les diverses positions politiques dans lesquelles ils croyaient pouvoir servir leur pays.

Examinons le premier point : 

Une démission générale, universelle, par les légitimistes, de tous les emplois qu'ils peuvent occuper dans l'administration, dans la magistrature et dans l'armée, ainsi que de toutes les fonctions auxquelles ils ont pu être appelés par le vote de leurs concitoyens, constitue bien, comme nous l'avons dit, une émigration à l'intérieur. Or, qu'est-ce qu'une semblable émigration, sinon une séparation officielle d'avec le pays, et l'abandon systématique de celui-ci à l'action des divers partis qui se disputent l'avenir ? Si, en 92, le devoir des royalistes était de se grouper autour de leur roi pour combattre avec lui la Révolution, et de se faire tuer au pied du trône au lieu de franchir la frontière comme des gens qui fuient, alors qu'ils n'auraient eu, pour avoir raison de la guillotine, qu'à oser la toucher de la pointe de leur épée ; le devoir des légitimistes, en 1852 comme en 1848, n'est-il pas de se serrer autour du pays, de vivre de sa vie, de respirer tout haut avec lui, de rester sur la brèche, ne fût-ce que pour affirmer leur principe, et de servir la cause même du prince qu'ils regardent comme leur roi, en servant celle de la France, puisqu'à leurs propres yeux la cause de celle-ci est la cause même de celui-là ? Émigrer à l'intérieur, c'est dire à la nation : Nous nous séparons de toi ! Or, ne craignez-vous donc pas que la nation ne vous réponde : Eh bien ! j'accepte cette séparation !

En second lieu, pourquoi les légitimistes renonceraient-ils, sous le gouvernement actuel, à une action politique qu'ils ont cru pouvoir exercer sous celui de Louis-Philippe ? Où est la raison de cette différence de conduite ? A quel titre l'établissement du 2 décembre serait-il plus antipathique aux légitimistes que celui de 1830 ? Quoi donc ! est-ce que l'usurpation, et l'usurpation de famille, qui pis est ! est-ce que l'usurpation serait chose plus légitime qu'un pouvoir sorti, après tout, de la volonté nationale ? Est-ce qu'il serait plus honorable d'avoir dérobé une couronne que d'avoir, par une détermination aussi hardie que personnellement périlleuse, préservé le pays de l'anarchie socialiste ? Est-ce que le parent qui dépouille l'orphelin mérite plus de sympathie que l'homme dont le nom est sorti huit millions de fois de l'urne populaire ? Quoi ! à tort ou à raison, je n'ai pas à discuter ici ce point, la plus imposante manifestation nationale consacre, en l'absence de ce qui est à vos yeux l'autorité légitime, un pouvoir au moins régulier dont la durée est limitée à dix années ; et au lieu d'accepter, dans les termes mêmes de son institution, un ordre de choses qui, en définitive, est un triomphe de l'ordre sur le désordre, et qui d'ailleurs ne vous ferme pas l'avenir, vous vous condamnez à une sorte d'ilotisme boudeur ! Prenez donc garde que, dans ce cas, c'est la nation elle-même que vous boudez ! Alors cessez de vous appeler légitimistes ; car vous n'êtes plus que des hommes de parti, puisque vous êtes des royalistes exclusifs !

Maintenant, quelles seront les conséquences de cette émigration intérieure ?

Mais, d'abord, le mot d'ordre n'a-t-il pas été donné trop tard, et sera-t-il universellement suivi ? Sur le premier point, il est incontestable que quand la Lettre des Ducs a pu être connue à Paris, un grand nombre de légitimistes appartenant, soit à l'armée, soit à la magistrature, soit à l'administration, avaient déjà prêté serment ; il eût, ce nous semble, mieux valu prévenir cet acte, ne fût-ce que pour prévenir par là même l'éclat au moins inutile de démissions en masse données bruyamment après le serment prêté. Sur le second point, a-t-on bien compté d'avance le nombre de ceux qui y obéiraient ? Dans tous les cas, et en admettant l'obéissance même du plus grand nombre, a-t-on bien pesé les

inconvénients qu'il y avait à diviser les légitimistes en purs et en impurs, et à établir ainsi l'anarchie dans leurs rangs? Supposé l'héritier de saint
Louis rétabli sur le trône de ses ancêtres, il devra
donc considérer comme ses ennemis personnels
tous ceux des légitimistes qui, en prêtant serment
ou en refusant de donner leur démission, se seront
rangés dans la dernière catégorie? Hélas! et pour
le dire en passant, qui sait plutôt si ce ne sont pas
les *purs* qui tomberaient alors sous la disgrâce
royale? Comment furent traités, sous la Restauration, les héroïques soldats de la Vendée?

A-t-on pesé aussi l'inconvénient qu'il peut y
avoir à dresser ainsi, pour la curiosité maligne des
partis, la statistique en quelque sorte officielle du
parti légitimiste? Êtes-vous donc bien sûrs d'avoir
à déployer aux yeux de la France des forces numé-
riques assez imposantes pour que les partis, fas-
cinés, vous cèdent la place sans même songer à
vous combattre?

Enfin, a-t-on bien réfléchi pareillement sur une
autre conséquence de cette émigration à l'intérieur, prescrite sous la forme d'un ilotisme géné-
ral? Supposé que ce système d'effacement ait à
mesurer un laps de temps égal à la durée du règne
de Louis-Philippe, qu'arrivera-t-il à l'expiration
de cette période? Il arrivera nécessairement ce
que l'on vit sous la République de 1848, alors que
les légitimistes se trouvèrent, devant les événe-
ments, au dépourvu de tout homme d'Etat, par

suite de ce même système d'effacement dont une
considérable fraction d'entre eux avaient fait leur
ligne de conduite sous le gouvernement de 1830,
et qu'ils durent accepter comme chefs politiques,
dans la réaction monarchique qui se déclara alors,
ces mêmes hommes qui, la veille encore, étaient
leurs plus implacables ennemis, mais qui avaient
sur eux cet inappréciable avantage que donne la
pratique des affaires.

Si Genoude et La Rochejaquelein avaient refusé
de prêter serment, et que par suite ils ne se fussent
pas trouvés, comme députés, dans la séance où la
régence de Madame la duchesse d'Orléans fut pro-
posée, qu'on nous dise donc si ce sont les fusion-
nistes d'aujourd'hni qui se seraient opposés à la
proclamation du petit-fils de l'usurpateur tombé
sous la foudre vengeresse du peuple?

La Lettre des Ducs contient, toutefois, une exception à la mesure de proscription qu'elle porte
contre tout concours au gouvernement actuel :
cette exception se rapporte au cas où une nouvelle
levée de boucliers socialistes viendrait menacer
l'ordre social ; dans ce cas, la lettre rappelle aux
légitimistes que leur devoir serait de payer de leurs
personnes, comme ils firent en 1848. A cela nous
n'avons rien à dire, sinon qu'il est toujours inutile
de rappeler aux légitimistes ce qui est un devoir.

Si la Lettre des Ducs interdit toute fonction pu-
blique aux légitimistes, et si par conséquent elle
leur ôte ainsi tout moyen d'influence directe sur

les populations, elle ne leur recommande pas
moins d'appliquer tous leurs efforts à acquérir cha-
que jour plus de droits à la confiance et à la grati-
tude de ces mêmes populations. Qu'on nous le
pardonne, mais il nous semble que c'est tout simplement envoyer au combat des soldats qu'on a
d'avance pris soin de désarmer. Si, en effet, vous
retranchez à l'activité légitimiste le champ des
positions officielles et constituées, pour la renfer-
mer dans le cercle des influences privées, quel
terrain lui restera-t-il pour appuyer efficacement
le levier par lequel elle peut agir sur les masses?

La Lettre des Ducs contient un appel à l'union
des forces monarchiques. Comme on ne peut sé-
rieusement supposer que cet appel comprenne le
parti bonapartiste, reste le parti orléaniste; ce
même appel est donc une nouvelle avance à la fusion. Or, on connaît la réponse que la fusion y a
faite par l'organe du *Journal des Débats*. Il est
vrai qu'il y a une quinzaine de jours, l'*Emanci-
pation*, de Bruxelles, publiait, sous le titre nouveau
de *Réconciliation*, une nouvelle édition, considé-
rablement revue et augmentée, de ce roman sans
fin éternellement dédié à la crédulité des légitimistes. Comme toujours, la fameuse fusion était
faite ou serait faite demain; la preuve, c'est que
les deux branches étaient parties, chacune de son
côté, pour se rencontrer dans une ville d'Alle-
magne où elles devaient sceller leur réconciliation
dans un baiser de famille. Ce qu'il y avait au fond

de cette nouvelle version, c'était tout simplement
une mystification nouvelle, imaginée pour rem-
plir le vide d'une correspondance, et que l'auteur
même, du reste, avouait au premier venu avec un
rire voltairien le plus charmant du monde. En
principe, nous ne pouvons, certes, qu'approuver
l'union des fractions monarchiques ; mais quand
cette union continue à ne se manifester que sous
la forme d'une plaisanterie infiniment trop pro-
longée, n'est-il pas à craindre que le parti légitimiste ne finisse perdre un peu de sa considération,
en persistant à s'offrir comme l'incorrigible dupe
de cette trop mauvaise plaisanterie ?

La Lettre des Ducs finit par la prévision d'une
proclamation de l'empire, et trace, à ce point de
vue, la ligne de conduite à tenir par les légitimistes. Ici, nous reconnaissons le cœur vraiment français du prince qui préférerait mourir dans l'exil,
que de remonter sur le trône de ses aïeux par le
secours des armées étrangères. La Lettre, faisant
allusion aux catastrophes sans lesquelles cet évène-
ment pourrait entraîner le pays, catastrophes dont
nous avons fait deux fois la douloureuse expérience,
et dont la légitimité seule put nous délivrer ; la
Lettre, disons-nous, prescrit aux légitimistes de
protester contre ce changement du gouvernement,
non point par la violence, mais par tous les moyens
pacifiques qui seraient en leur pouvoir. Qu'on ose
encore accuser le descendant de Saint-Louis d'at-
tendre de l'appui de l'étranger son retour dans le

pays de ses aïeux ! Désormais la calomnie en serait pour l'odieux de son impudence. La France applaudira, nous en sommes sûr, à ce patriotique désintéressement, à cette abnégation d'un prince qui place son titre de français au-dessus de la légitime ambition d'un trône. Ah ! pourquoi la Lettre, puisqu'elle ose tant que de faire parler un prince dont la bouche ou la plume a toujours placé religieusement les libertés nationales au même niveau que les principes monarchiques, pourquoi la Lettre n'ouvre-t-elle pas plus complètement devant la France ce cœur qui gagnerait tant à être connu tout entier ?

Pour revenir à la protestation pacifique prescrite contre la proclamation de l'empire, cette protestation ne serait pas, ce nous semble, chose aussi simple qu'on pourrait le croire, si, par exemple, la proclamation dont il s'agit venait à avoir lieu par suite d'un appel au peuple. Or, il n'est pas invraisemblable de supposer que cet appel au peuple ne donnât de nouveau le chiffre affirmatif de huit millions de voix qui a acclamé la dictature du 2 décembre. Dans ce cas, la protestation des légitimistes se dresserait donc devant la volonté même de la nation, manifestée régulièrement par le scrutin ? On répondra que la volonté d'une génération isolée n'est pas à mettre en balance avec la volonté nationale, représentée par une tradition de plusieurs siècles : on aura sans doute raison devant l'histoire et devant les principes ; mais, en fait,

n'est-il pas à craindre que le parti légitimiste ne
se pose par là devant la France à l'état de fac-
tion, et qu'on ne l'accuse d'appeler de ses vœux
secrets une nouvelle guerre européenne dont il
s'apprêterait à recueillir les bénéfices?

Maintenant, et dans le cas où cette guerre européenne aurait lieu en effet, quelle devrait être l'at-
titude des légitimistes? Devraient-ils persister dans
l'abstention qui leur est prescrite pour le moment,
c'est-à-dire assister les bras croisés à la lutte de
notre armée contre l'ennemi, et peut-être à l'in-
vasion du sol français? La Lettre ne va pas jusqu'à
cette dernière éventualité; mais nous sommes
persuadé que ses inspirateurs seraient les premiers,
à la suite du roi, à voler aux frontrières pour re-
pousser l'ennemi!

En résumé, la politique des Ducs n'admet donc,
parmi les moyens d'une restauration du principe
de la légitimité : ni la guerre civile, puisqu'elle
prescrit aux légitimistes de prendre les armes contre toute nouvelle insurrection ; ni la guerre étran-
gère, puisqu'elle leur enjoint de protester contre
l'empire surtout en vue des catastrophes que le
rétablissement du régime impérial pourrait ame-
ner ; ni l'appel au peuple, puisqu'elle en improuve
d'avance le résultat, en ce qui concerne l'empire,
et que, d'un autre côté, elle ne l'invoque pas en ce
qui regarde la légitimité. Quels sont donc les mys-
térieux moyens sur lesquels elle compte pour ra-
mener Henri V aux Tuileries ? — Elle ESPÈRE !

Elle *espère !* Voilà, certes, une conspiration qui effraiera fort peu le gouvernement de Louis-Napoléon.

Pour nous résumer sur le point essentiel de la Lettre des Ducs, et en nous renfermant dans l'appréciation du serment au point de vue de la conscience et des principes, nous rappellerons ici que la question du serment, comme point doctrinal et politique, a été résolue dans le sens affirmatif, d'une part, par un publiciste dont l'autorité ne sera contestée par aucun légitimiste, et d'un autre côté par un théologien dont l'autorité ne sera non plus contestée par aucun catholique : nous voulons dire l'immortel Genoude et l'illustre évêque du Mans, Mgr Bouvier. Qui oserait, en effet, se poser comme étant meilleur catholique que le savant prélat que nous venons de nommer, ou comme meilleur légitimiste que l'écrivain qui est mort pour sa sainte cause, la plume à la main ? Donc, quand Genoude a pratiqué personnellement, et Mgr Bouvier justifié doctrinalement le serment politique, toute conscience catholique et légitimiste peut, ce nous semble, le prêter en toute sécurité.

ALEXANDRE REMY.

www.ingramcontent.com/pod-product-compliance
Lightning Source LLC
Chambersburg PA
CBHW060734280326
41933CB00013B/2628